SECONDE LETTRE

A M. LE RÉDACTEUR DU JOURNAL DES DÉBATS

SUR L'ÉTAT

DES AFFAIRES PUBLIQUES,

PAR N. A. DE SALVANDY.

PARIS,

A. SAUTELET ET C°, LIBRAIRES,

PLACE DE LA BOURSE.

19 Juillet 1827.

IMPRIMERIE DE H. FOURNIER, RUE DE SEINE, N. 14.

TABLE DES MATIÈRES.

SECONDE LETTRE

À

M. LE RÉDACTEUR DU JOURNAL DES DÉBATS.

MONSIEUR,

Dans ma première lettre, j'ai posé des principes; aujourd'hui je descendrai de ces hauteurs. C'est à la politique du jour que je consacrerai ce nouvel entretien : tous les faits qui s'accomplissent ou se préparent offriront à mes maximes des commentaires éloquens et de vives démonstrations.

Les principes que j'ai posés sont bien simples. L'histoire, la conscience publique, les sermens de deux rois, la Charte enfin, et son mémorable préambule, me les ont fournis. Tout se réduit à ce peu de mots : la monarchie épuisée et caduque de l'ancien régime ne peut renaître du sein des ruines, parce qu'on l'a bien dit, les morts ne reviennent pas.

A un peuple chez lequel tout est nouveau, les mœurs, les affections, les études, les prospérités, il faut des institutions nouvelles, et ces institutions furent établies par le pacte saint sur lequel la restauration repose. Tout ce qui les affermit, affermit le trône, et satisfait, anime, enrichit la France; tout ce qui les ébranle, compromet la royauté dans l'affection des peuples et dans leur respect, sape ainsi les bases de sa puissance, met en question le présent, en péril l'avenir, et affaiblissant au-dedans la Restauration, affaiblit au-dehors la France. Car alors, sur les poteaux de nos frontières, où le monde devrait lire : sécurité, union, force, liberté, ces mots se font seuls voir : discordes et révolutions.

Ce n'est pas que la Charte n'ait laissé le champ libre aux débats des partis sur la distribution des forces et la délimitation des pouvoirs. Il est permis à tout le monde, soit opposition, soit ministère, de faire effort pour assurer plus d'empire aux chambres ou à la couronne, et plus d'influence aux masses ou bien aux classes éclairées, riches et polies. Cette lutte entre les opinions et les forces contraires est de droit commun; elle constitue le droit public des Français. La grande transaction de 1814 l'a établie, l'a prise sous sa garde, afin que de ce combat naquissent des prospérités plus grandes; c'est pour cela même qu'il n'est permis à personne, pouvoir ou factions, en disputant sur les détails de l'édifice, sur des questions d'équilibre, d'attenter aux bases. Le fait, les maximes, les formes, le droit, l'essence de la monarchie constitutionnelle, sont inexpugnables.

Dans la monarchie absolue, l'État c'est le prince. Sa volonté c'est la loi. Le principe de tels gouvernemens est l'obéissance; leur force, le glaive; leur ressort, la crainte; leur condition, le silence. Là il n'y a point d'affaires publiques, et partant point d'examen. Il n'y a point de raison ni de conscience nationale; la conscience et la raison politiques ne sont qu'à l'usage du pouvoir. Il n'y a point d'estime publique; la faveur en tient lieu. Racine a raison de mourir pour avoir encouru la disgrace de celui qui pouvait dire : L'État, c'est moi.

La monarchie constitutionnelle a d'autres règles et d'autres maximes. Là, il y a une chose publique dont l'intérêt domine tous les intérêts et dont l'empire domine tous les pouvoirs. Là il y a une volonté publique à laquelle seule est due obéissance : son nom est la loi. Il y a une conscience générale dont les arrêts sont, pour tous les citoyens, des récompenses ou des châtimens, une raison souveraine dont les suffrages sont une puissance, et les dissentimens des dangers ; on l'appelle l'Opinion. La discussion est le principe de ces gouvernemens ; la parole est leur glaive ; la confiance est leur ressort ; la publicité enfin est leur condition et leur vertu. La publicité est l'ame, elle est la vie du système représentatif : car c'est par elle que le pays connaît ses affaires et les discute, par elle qu'il connaît ses citoyens et qu'il les juge. La politique extérieure en a besoin pour être puissante et respectée ; car autrement l'étranger ignore s'il traite avec une royauté solitaire ou avec une royauté soutenue des vœux de tout un peuple. La politique intérieure ne peut s'en passer davantage ; le commerce et l'industrie, pour avoir sécurité ; les finances, pour produire le crédit ; l'autorité, pour obtenir la confiance, cette confiance souveraine qui, dans un ordre de choses où une partie des grands pouvoirs sont électifs, dispose des destins de l'autorité ; les simples hommes enfin ont besoin de ce flambeau pour établir leur renommée dans un système où tout le monde a droit au libre jugement et aux suffrages libres de son pays.

Ainsi, quand le ministère proclama, ce qui, depuis six mille ans, ne s'était pas vu encore, une inimitié profonde pour l'opinion, cette grande voix qui, lorsqu'elle blâme, s'appelle le mépris public, lorsqu'elle loue, la publique estime, lorsqu'elle admire, la gloire, lorsqu'elle juge le passé, la postérité, lorsqu'elle a pour interprètes les pouvoirs politiques, la loi, il proclama une inimitié audacieuse et sauvage pour le principe même du gouvernement qui a reçu ses sermens et les nôtres; et, lorsqu'il a interdit la publicité aux Français, il a renversé la première de nos institutions, celle qui est la condition de toutes les autres, celle qui est la condition même de la Restauration, puisqu'elle est l'appui et le rempart du régime que la Restauration a fondé.

Maintenant, passons des principes aux applications.

POLITIQUE EXTÉRIEURE.

AFFAIRES DE LA GRÈCE.

La Grèce a enfin obtenu pour ses restes sanglans une protection puissante. Son salut semble décidé. On peut dire que c'est la presse libre qui l'aura sauvée.

On se souvient de l'accueil que les Hellènes trouvèrent au congrès de Vérone, quand ils frappèrent en supplians à la porte des rois sans avoir d'autre recommandation que leurs droits, leur culte, leur héroïsme, leur martyre, leur nom. Ils eurent beau dire ce nom si grand, on ne leur ouvrit pas.

Mais la civilisation ne pouvait être indifférente aux malheurs de sa mère. L'imprimerie ne pouvait refuser son assistance au peuple qui a propagé l'écriture et les lettres sur la terre. La France surtout ne pouvait entendre sans s'émouvoir les gémissemens d'une nation mise en coupe par le cimeterre des barbares, entraînant dans sa chute les restes d'Argos, de Sparte, d'Athènes, et mourant aux cris de religion et de liberté.

On sait quelle croisade digne de notre âge se forma entre tout ce qui écrit, tout ce qui sent, tout ce qui pense, pour implorer, de la pitié des peuples et des rois, le salut de la Grèce. L'assistance des femmes ne manqua point dans une entreprise où il s'agissait de guérir des plaies, de sauver des prêtres et de jeunes filles de la honte et de l'esclavage, de conserver des chrétiens à la foi de leurs pères, de faire l'aumône, et de prier comme en d'autres temps on aurait combattu. Les croisés nouveaux eurent une inépuisable constance. Eux aussi portaient sur leurs bannières : Dieu le veut! En effet, Dieu l'a voulu : car il veut toujours le triomphe de la justice parmi les hommes.

La chambre des pairs de France a eu la gloire d'être le premier corps politique en Europe qui ait songé à convertir en loi le cri des peuples. On sait ce que cette loi devint dans les mains du ministère. M. de Chateaubriand l'avait amendée; il y était fait mention de la pitié due à ces fils de l'église d'Orient, vendus sur les marchés du Caire pour grandir Musulmans : elle fut retirée. Mais enfin depuis lors les résistances s'affaiblirent. *Le Moniteur* seul protesta de temps à autre contre la voix du genre humain. Dans la session dernière, il ne se trouvait plus pour combattre la Grèce, la France et l'humanité, que l'éternel adversaire de la conscience publique, l'orateur que cette puissance rencontre à la tête de ses ennemis, soit qu'elle défende les franchises nationales, soit qu'elle attaque la traite des noirs; on veut dire M. Dudon.

Cependant le gouvernement anglais s'était donné la gloire d'ouvrir à Saint-Pétersbourg des négociations pour le salut de la Grèce, et l'heureux duc de Wellington eut l'honneur d'en signer le protocole. Le ministère resta étranger à cet acte d'une habile politique. Il laissa discuter, sans le concours de la France, le sort d'une nation riveraine de la Méditerranée, maîtresse d'îles et de mers sans cesse visitées par le commerce français, et secourue des cris, des deniers, du courage de la France.

Toutefois, une justice est due au ministère. Malgré cette loi fatale d'impopularité sous laquelle il semble être contraint d'accomplir sa destinée, il n'avait pas en une haine profonde le vœu de l'opinion et l'héroïsme des Hellènes; sauf quelques brutalités de tribune, et quelques coups de force frappés çà et là, sous le nom de représailles, sur le peuple des îles, le cabinet finit par être secourable, comme la nation, à ces grandes infortunes. M. le comte de Villèle donna de bonnes paroles à ce noble comité de Paris qui s'est concilié l'estime du monde par ses efforts aussi éclairés que généreux pour la plus sainte des causes. Enfin, la marine française sauva des femmes, des filles, des religieux, des martyrs, des cités. Elle intercéda pour Napoli de Romanie; elle a intercédé pour Athènes. Le pavillon blanc ne paraissait sur ces rivages habités par le meurtre et la désolation, que pour y apporter l'espérance.

On ne peut douter que le cabinet, vaincu par l'unanime recri de tout ce que nous avons de considérable, d'éclairé, d'illustre, n'eût dès long-temps laissé le sceptre de saint Louis toucher les plaies de la Grèce, si un obstacle opiniâtre ne se fût rencontré. Cet obstacle, c'était M. de Metternich.

M. de Metternich s'est placé dans la politique européenne comme l'écueil au milieu des flots mouvans. Il se croit fort parce qu'il reste seul immobile au milieu de ce flux et reflux éternel des affaires humaines; il se croit fort, et ne voit point que chaque flot qui bat ses flancs le mine et l'amoindrit. La première tempête le brisera.

L'affaire de la Grèce semble être de tous points le triomphe de la publicité. Car la publicité, par sa bienfaisante puissance, a entraîné les cabinets, et les cabinets n'auraient pas aujourd'hui à lutter contre les résistances de l'Autriche, à s'inquiéter de ses complots, s'il n'y avait là un grand empire où le silence des peuples laisse dénués d'assistance tous les conseils d'une politique magnanime.

Ballotté entre des influences ennemies, le ministère a osé enfin rompre la chaîne qui le liait tout entier au système étroit, craintif, barbare de la cour de Vienne. Se bornant à soumettre le dedans à M. de Metternich, il a livré le dehors à la Russie et à l'Angleterre, en sollicitant une place dans les négociations qui étaient ouvertes. Cette place, quelle a-t-elle été? On le voit trop en parcourant l'acte que les journaux publient. Cette place étroite et subalterne, l'honneur national ne permet point de la nommer.

Le premier paragraphe, dans sa lourde et incorrecte

rédaction, qui semble une adjonction tardive, une complaisante superfluité, montre les trois couronnes pénétrées également de la nécessité de mettre un terme à une lutte sanglante; et aussitôt après, comme si le nom du roi de France, placé en tête de cette sainte ligue, pesait à l'orgueil des hauts alliés, vient le paragraphe qu'on va lire :

« S. M. le roi du royaume-uni de la Grande-Bretagne et de » l'Irlande, ayant en outre été vivement sollicité par les Grecs » d'interposer leur médiation avec la Porte ottomane, et n'é» tant pas *moins que S. M. l'empereur de toutes les Russies* » animé du désir d'arrêter l'effusion du sang, et de faire cesser » tous les maux que pourrait entraîner la prolongation d'un tel » état de choses;

» Ont résolu.....

Et le roi très-chrétien, qu'est-il devenu ? de sa couronne et de ses sentimens, point le mot. Quoi! il n'y a plus que S. M. britannique et S. M. I. de toutes les Russies qui aient le désir d'arrêter l'effusion du sang! Quoi! l'Angleterre, choisie pour médiatrice par les Hellènes, n'a songé à en référer qu'au jeune empereur du Nord! Quoi! le ministère n'est point parvenu à obtenir que la France fût nommée une seconde fois dans cette seconde expression du même vœu pour la cessation prompte de l'effusion du sang des hommes! Comment ne pas croire que là commençait d'abord le traité, que l'accession du ministère français a déterminé les lignes embarrassées qui précèdent, que les deux cours auxquelles appartient l'initiative ont voulu s'en réserver, auprès des Grecs et auprès du monde, les avantages et la gloire; que notre crédit n'a pas été plus loin que d'obtenir le droit d'apposer notre signature, en donnant plus tard, s'il le faut, nos soldats et nos trésors. Voilà ce qu'est le traité pour la France ; cherchons ce qu'il est pour la Grèce.

Au premier abord, il attriste l'ame de ces offres de suzeraineté et de tribut dont la Porte y est flattée. On voudrait davantage pour les hommes de Missolonghi et pour le sol d'Athènes.

Cependant, à y regarder de plus près, on voit que cette suzeraineté serait à peu près purement nominale, que la nation vivrait indépendante sous l'égide de son propre gouvernement et de ses propres lois ; que les Hellènes auraient reconquis sans partage toute cette vieille terre défrichée par les muses antiques, et fertile encore, après deux mille ans, en héros. Le croissant n'ombragerait plus un seul des minarets du Péloponèse. De l'osmanli rien ne resterait que ses tombeaux. Les consuls, les ministres de la chrétienté, par leur présence, attesteraient la réalité de la souveraineté nationale ; et, si ce mot de tribut offense nos souvenirs, s'il blesse nos affections et notre orgueil, songeons que la robe de l'affranchi peut sembler légère à qui fut courbé trois cents ans sous la chaîne de l'esclave.

La situation des gouvernemens est difficile : ils n'ont nul motif et nul intérêt de rompre avec la Porte ottomane. En se portant pour les représentans armés du vœu des nations, pour les défenseurs généreux de la cause de la civilisation et de l'humanité, ils ont un autre devoir à remplir, celui d'essayer, s'il se peut, d'éviter à leurs peuples le faix d'une grande guerre ; enfin leurs propres antécédens, tout ce qu'ils ont fait ou souffert depuis six années, était encore pour eux des entraves. Nous serions injustes d'exiger plus.

D'ailleurs, rassurons-nous. Enflé de ses succès sur l'Illissus, le divan repoussera la médiation pacifique. Il n'y aura d'efficace que l'intervention du glaive, et le glaive achèvera de briser les liens qui enchaînèrent la Grèce chrétienne à la fortune de l'osmanli.

Sous ce rapport seulement, le traité laisse dans les esprits d'importuns nuages. On voudrait voir jour davantage dans les projets des trois puissances, être certain qu'elles épuiseront les conséquences de leur démarche; qu'elles sont invariablement résolues à tirer l'épée s'il le faut; que leur intervention ne se perdra pas dans les détours et les lenteurs de la politique ottomane; qu'enfin ce traité renferme bien sûrement la paix ou la guerre : la paix, aux conditions qui sont stipulées; la guerre, si l'orgueil ottoman ne sait pas fléchir. Cependant la résolution des trois couronnes est si haute qu'on ne peut croire qu'elles s'exposassent, par des tergiversations et des terreurs tardives, à la risée de la Porte et au mépris du monde. Le délai d'un mois, fixé au divan pour répondre, est court et altier; la promesse d'entrer aussitôt en relations commerciales et politiques avec les Hellènes, la nomination de M. Capo-d'Istria au poste de chef du gouvernement nouveau, et l'agrément donné par l'Angleterre à ce choix qui met dans les mains d'un homme d'état cher à la Russie les destins de la Grèce, son berceau, offrent des garanties nouvelles d'une résolution efficace et ferme. Evidemment les cabinets ont su tout prévoir et sauront tout affronter.

C'est là ma conviction bien positive, monsieur, et vous savez, comme moi, que tout ce qui entoure la région des affaires en juge ainsi. Le langage de tous les diplomates l'atteste. Mille mots décisifs pourraient être cités. La Grèce sera libre.

Mais de nouvelles transactions doivent être rédigées. Les résistances de la Porte ottomane et les ombrages de l'Autriche pourront jeter l'Europe dans des combinaisons extraordinaires. Est-ce trop exiger que vouloir, pour l'honneur national, une place plus grande et plus digne dans les négociations futures?

Par malheur, il n'est pas au pouvoir du ministère de l'obtenir, ni même de la demander. Dans les monarchies absolues, quand il y a du silence dans le pays, de l'or dans les caisses, et des soldats sur les frontières, rien ne manque pour prétendre aux respects de l'étranger. C'est réunir tout ce qui forme, pour de tels états, les conditions de la puissance. A une monarchie, constitutionnelle de nom, il faut davantage; il lui faut l'assentiment public, cet assentiment qu'atteste, dans les monarchies absolues, le peuple qui obéit et se tait, qu'en pays libre atteste le peuple qui obéit après avoir discuté. Les journaux du ministère anglais ont dit en propres termes, « qu'établir la censure, c'était se proclamer à la face du monde déchus de l'affection et de l'estime des Français. » Soutenu du cri de l'opinion, le cabinet tiendrait aisément dans les congrès un mâle langage, un langage qui serait entendu et respecté. Que, dans le silence dont ils ont voulu s'environner, les conseillers de la couronne montrent aux cours rivales une convenable hauteur; on s'étonnera que débiles et impopulaires, ils aient les prétentions qui ne siéent qu'à la puissance; on leur dira : Que pouvez-vous, déchus que vous êtes de l'affection et de l'estime des peuples?... Tant il est vrai que là où la liberté est le droit public, où elle est le besoin des mœurs et l'ouvrage du temps, on ne peut attenter à ses droits sans battre en brèche à la fois la prospérité du pays et la gloire de la couronne !

AFFAIRE D'ALGER.

Dans tout ce qui touche à la politique extérieure, la publicité est utile au cabinet contre l'étranger, non moins utile au pays contre le cabinet. Dans l'une et l'autre occurrence, elle est le droit rigoureux des peuples.

Tout ce qui est dans la prérogative des chambres est dans la prérogative de la presse. Toute la différence est que celle-ci discute, celles-là décident. Les unes ont toujours le devoir, l'autre toujours le droit de surveiller la gestion des affaires publiques.

Or, entre les affaires publiques il n'en est pas qui touchent de plus près au cœur des nations que celles du dehors. Car là sont les questions de puissance, là les questions d'honneur.

Attenter à la publicité en telles matières, c'est rompre le nerf et détruire la vertu, renverser le boulevard du gouvernement représentatif. C'est substituer d'une façon criminelle l'ancien régime au nouveau.

L'affaire d'Alger n'est pas bien grosse, envisagée dans ses rapports et ses résultats matériels. Comme question de considération et de renommée, elle paraît devoir grandir sous les auspices féconds du ministère.

On sait quelle insulte le consul de France a reçue du chef des brigands d'Alger; on sait quelle réparation notre flotte a voulue. Louis XIV parla moins haut au Vatican. Les ministres ont semblé faire grace au dey de la vie. Il n'y a pas du reste d'humiliations qu'ils n'aient exigées. Jusque-là tout est bien.

Mais depuis que la régence barbaresque a refusé de se soumettre à nos sommations altières, plus n'avons ouï parler de notre flotte, de nos apprêts, de nos menaces, de notre adversaire. Seulement un des journaux censurés a pu dire que, depuis l'expédition de lord Exmouth, les Algériens avaient si bien fortifié leurs rivages, si bien hérissé de canon leurs remparts, que toute tentative de bombardement serait impraticable. Ne pensez-vous pas, monsieur, que c'est une découverte quelque peu tardive; qu'il eût été plus judicieux de compter les six cents pièces d'artillerie avant nos sommations hautaines; qu'il y aurait du malheur à se montrer également chatouilleux et impuissant du côté de ces barbares; que le pavillon français, insulté sans réparation par les Algériens, se montrerait avec peu de gloire dans les parages de Salamine ou de Lépante entre les flottes d'Angleterre et de Russie? Ne serait-il pas cruel cependant que, parce que nous sommes tombés des mains du géant des siècles à celles de MM. les comtes de Villèle et de Corbière, le dey d'Alger pût nous lancer impunément des outrages et braver nos ressentimens comme a fait l'Autriche, comme a fait la Prusse, comme a fait l'Angleterre, comme a fait l'Espagne, comme a fait Haïti, comme a fait le Pérou? De ce que nous avons promené trente ans notre char de triomphe des champs de la

Libye et des colonnes d'Hercule au fond du nord, de ce que nous avons rempli et effrayé le monde de notre orgueil victorieux, s'ensuit-il que le ministère doive se croire tenu de mesurer le nombre des expiations sur celui des victoires? Est-il écrit que toute la terre qui a vu nos exploits devra voir nos outrages?

Si les conseillers de la couronne n'avaient pas brisé le frein de la publicité, ils ne poursuivraient point le cours de ces justices, de ce suicide étrange, sans rencontrer d'entraves. Le pays saurait ce que deviennent ses marins et sa gloire. Il ne concevrait pas des alarmes exagérées peut-être; et si toutes les garanties constitutionnelles n'étaient pas dès long-temps faussées, la France aurait eu dès long-temps raison de quiconque l'offense, soit au-dedans, soit au-dehors. La presse, lorsqu'elle vivait encore, sauvait du moins l'honneur national; l'étranger entendait les doléances publiques; il n'avait garde de confondre avec un cabinet qui a eu le malheur de ne pas laisser une de nos frontières sans insulte un peuple qui ne laissa jamais une insulte sans vengeance.

ÉTAT DE L'ESPAGNE.

La France continuera de verser son or et ses soldats sur la Péninsule. Elle ignorera quelle paix sanglante et furibonde elle donne à ce malheureux royaume. Le *Courrier Français* n'a pu imprimer ceci :

La tranquillité de la Catalogne n'est pas aussi sûre qu'on était fondé à l'espérer. Un orage se forme dans la montagne, et ne tardera pas probablement à éclater dans la plaine. On sait que plusieurs chefs de bandes carlistes ont dédaigné l'amnistie. Leur mot de ralliement n'est plus celui de ces jours passés.

Vive le roi! meure la police! tels sont les cris du jour. Cependant une main cachée dirige ces mouvemens de sédition. Quel est le but? Les mandemens des évêques de la province les condamnent comme contraires aux droits du trône et à ceux de l'autel. Des royalistes qui se sont voués à tous les maux, ceux de la guerre et de l'exil, prétendraient-ils servir la cause de la révolution qu'ils ont combattue avec tant d'énergie? On ne saurait le croire. Ces royalistes toutefois sont encore armés, et la sécurité publique est troublée. Un général, né dans la guerre de l'indépendance, a l'ordre d'agir sur les points menacés. Des troupes, en trop petit nombre sans doute, sont mises à sa disposition; mais que pourront de trop faibles forces contre une lutte de parti? On doit plus compter aujourd'hui sur l'influence de certains personnages, que sur la force des armes. L'inquiétude gagne même les esprits les plus confians. Quel sera donc l'avenir de l'Espagne?

— On mande de Pampelune, le 26 juin :

« Les troubles qui existent en Catalogne et en Aragon donnent de l'inquiétude au gouvernement espagnol. Avant-hier on a publié ici une proclamation portant invitation aux Espagnols de se lever en masse afin d'aller exterminer ces partisans qui prennent tous les jours un plus grand accroissement. L'autorité française a fait réparer et rétablir les remparts de cette ville et de la citadelle; aujourd'hui tous ces travaux sont finis, on est à même de transporter des approvisionnemens de vivres pour un an à la citadelle. » (*Indicateur.*)

EXTRAITS DES JOURNAUX ANGLAIS.

C'est l'un des plus utiles privilèges des nations libres de pouvoir porter les regards au-delà de leurs frontières, connaître les mouvemens des affaires dans le monde entier, et savoir ce que l'étranger pense d'elles. Nos feuilles publiques, comme celles de Moscou et de Milan, ne transcriront plus qu'avec autorisation de censeurs les gazettes libres de l'Angleterre ou de l'Allemagne.

On lit dans le *Courrier* du lundi, 9 juillet, un article ainsi conçu.

Londres, 8 juillet.

CENSURE DE FRANCE.

On peut se faire une idée de l'impopularité du rétablissement de la censure par ce qui s'est passé relativement à M. Cuvier. Ce personnage distingué, qui occupe une place considérable dans le gouvernement, a été nommé membre du conseil de censure. Sa nomination ne lui fut communiquée que samedi soir, dans la nuit. Le matin, au lever du jour, il transmit son refus d'accepter cet office. Son exemple a été suivi de quelques autres personnes. Mais ce fait ne pourra paraître dans aucun journal. (*The Courier.*)

On lit dans le *Times* ce qui suit :

Le traité entre l'Angleterre, la France et la Russie, pour l'émancipation de la Grèce, a été signé dans Downing-street (1) vendredi dernier. Il aurait dû être signé depuis long-temps; et nous craignons presque que les intrigues de l'Autriche n'aient réussi à retarder la conclusion de cet acte jusqu'au point où il ne sera plus autre chose que du papier noirci. Espérons, au moins, qu'on ne perdra pas un moment pour essayer de réparer le dommage accru par les retards de cette intervention.

(*Times du 9 juillet.*)

SITUATION DU POUVOIR ET DES PARTIS EN ANGLETERRE.

La France tient de ses institutions le droit de savoir ce qui se passe chez elle et chez les autres. Ce double droit lui sera ravi par la censure.

Le *Globe* avait destiné à ses lecteurs un tableau de

---

(1) Rue où est la maison de M. Canning.

la situation du gouvernement anglais, tracé de la même main que les *Lettres sur les élections anglaises*, louées il y a quelques jours dans vôtre feuille. Ce tableau curieux n'a point trouvé grace devant la censure. En Autriche, il eût passé à coup sûr, parce que là les applications étaient impossibles. Dans un pays où on prétend combiner l'arbitraire de la censure avec la lutte légale d'un ministère et d'une opposition, le ministère est armé d'une rare complication de sollicitude et d'ombrages. Nous devrons subir toutes les vexations qui tiennent à la présence de l'arbitraire, et à l'ombre de la liberté. L'auteur des articles supprimés dans le *Globe* les a fait imprimer séparément. Ne pouvant transcrire ce judicieux opuscule, je suis heureux de pouvoir vous en offrir une analyse spirituelle et profonde, que veut bien me communiquer l'un de nos meilleurs esprits. Cette analyse contient elle-même de curieuses révélations et des aperçus nouveaux. Vous me saurez gré sûrement de vous l'avoir fait connaître.

RÉVOLUTION MINISTÉRIELLE.

« On voudrait que ce titre fût un fait ou une prédiction applicable à la France ; mais il n'est encore qu'un symptôme fort spirituellement expliqué par un de nos jeunes publicistes. Son travail tout historique, et en quelque sorte littéraire, portant sur des circonstances contemporaines, a singulièrement effarouché la censure. L'auteur le publie dans une petite brochure qui renferme beaucoup de faits et d'idées. Les *monopoleurs* actuels de la pensée, non contens de séquestrer la France de ses propres intérêts, voudraient nous interdire même toute curiosité étrangère, et prohiber la connaissance de ce qui se passe dans les pays libres, comme une chose de mauvais exemple; mais il ne peut y avoir en France assez de despotisme, pour qu'il y ait assez de censure. Les écrivains politiques, les littérateurs, les voyageurs, nous diront ce que les journaux ne peuvent imprimer.

« La petite brochure de M. Prosper Duvergier de Hauranne résume et remplace tant d'articles des journaux anglais supprimés dans les nôtres. Elle retrace nettement la situation des partis en Angleterre. Elle montre l'état nouveau de la politique dans ce pays. Ce n'est plus une querelle de Whigs et de Torys. Ce n'est plus le combat régulier et, pour ainsi dire, convenu de l'aristocratie divisée en deux fractions. Les noms anciens subsistent encore, mais ils expriment des circonstances et des intentions nouvelles. A la faveur de ses libertés privilégiées, et par les avantages de sa constitution aristocratique, l'Angleterre s'était long-temps défendue, ou, si l'on veut, s'était passée de cette amélioration progressive des classes inférieures, qui les appelle au partage, et peut-être à l'envahissement du pouvoir. Les droits, et même les préjugés de la vieille aristocratie, étaient soutenus avec quelques variantes d'expressions, mais avec une égale ténacité, par les Whigs et par les Torys.

« L'accroissement de la richesse mobilière, le mouvement industriel, et l'esprit de perfectionnement social, ont changé cet ordre de choses. En face des hommes de la vieille Angleterre rangés sous deux bannières, on a vu s'élever le parti de l'industrie et des idées modernes. Tel Whig ou tel Tory s'est trouvé, d'après ses lumières, et indépendamment de sa dénomination politique, plus ou moins rapproché de la réforme qui se préparait; l'influence de cette réforme a pénétré dans le Gouvernement. D'abord appliquée à la législation commerciale, elle a trouvé des partisans dans le ministère, avant même la mort de Castelreagh. Elle s'est fortifiée par l'élévation de M. Canning; elle était toute-puissante quand la mort politique de lord Liverpool a manifesté le travail intérieur qui se faisait dans la nation et dans le Gouvernement.

« M. Duvergier reproduit vivement toutes les conséquences de cette rixe. Il montre la vieille aristocratie et la politique routinière du privilège et du monopole, se retirant de Saint-James, et se cantonnant à la Chambre des lords, tandis que d'autre part M. Canning, dans la route des améliorations, s'appuie sur une immense majorité de la Chambre des communes et sur la nation, qui ne lui demande pas s'il est Whig ou Tory, mais s'il est l'homme de son témps, s'il appartient aux idées et aux intérêts du plus grand nombre.

« Les noms propres et les détails personnels donnent un grand attrait à l'esquisse tracée par M. Duvergier. On conçoit, en le lisant, pourquoi certains Whigs, plus aristocratiques que Whigs, se sont violemment éloignés de M. Canning, et pourquoi les Torys paisibles lui restent fidèles. On voit les évêques de l'église anglicane immuables sur leurs bancs, derrière le ministre qui veut l'émancipation des catholiques; on voit des réformateurs zélés appuyant aussi le ministre qui s'est déclaré le perpétuel ennemi de la réforme parlementaire. Ces détails indiquent assez la force et les périls futurs de M. Canning. Il est actuellement gêné par l'aristocratie; il sera plus tard dressé par le radicalisme. En attendant, il est l'homme du moment; et si son caractère égale ses talens, il sera l'homme de l'époque.

« M. Duvergier remarque avec raison qu'aujourd'hui l'intérêt des peuples est partout le même, et qu'un bon gouvernement donné à l'un d'eux est utile à tous. Le maintien de M. Canning dans la position qu'il a prise aujourd'hui par choix et par nécessité, est un préservatif contre toutes les intrigues absolutistes et ultramontaines. Il n'est pas douteux que sa chûte n'accélérât chez nous les entreprises que nous craignons. On raconte à cet égard que, pendant les jours d'incertitude qui ont précédé la formation actuelle du ministère anglais, de puissantes démarches étaient dirigées de Paris en faveur des adversaires de M. Canning. On assure même que la plus auguste influence fut employée pour agir sur une auguste volonté. Une lettre, empreinte de cette urbanité persuasive, dont le modèle se devine aisément, transmettait au roi d'Angleterre quelques doutes sur l'inconvénient de changer d'anciens conseillers de la couronne, des hommes dont le zèle monarchique était éprouvé, et qui s'étaient associés à la grande restauration des trônes. Une réponse pleine de politesse et d'égards, mais un peu vague sur la question principale, fut provoquée par cette lettre. Alors il parut que l'on pouvait s'expliquer plus nettement, attaquer avec plus de force. L'influence de M. Canning, le danger de ses projets et de ses opinions, furent défavorablement signalés dans une nouvelle lettre partie d'aussi haut que la première. Mais cette fois, les irrésolutions ou plutôt les difficultés du palais de Saint-James avaient disparu. M. Canning se trouvait maître, parce qu'il était l'homme nécessaire. La réponse qui fut faite à des insinuations directes et positives montra que le roi d'Angleterre voulait, avant tout, consulter l'intérêt de son peuple, qu'il n'obéirait à aucune impression étrangère, et ne pouvait s'associer à aucune velléité de pouvoir absolu. M. Canning, inutilement attaqué dans la confiance de son souverain, dirige la politique anglaise, et sait personnellement à quoi s'en tenir sur les moyens employés pour le perdre. On doit juger par là de ses sentimens pour notre ministère.»

POLITIQUE INTÉRIEURE.

FORMATION DES LISTES D'ÉLECTION ET DE JURY.

La grande affaire du moment, celle qui doit préoccuper par-dessus tout l'attention du public français, celle à laquelle tout se lie, de laquelle tout dépend, où se trouve renfermé tout entier notre avenir, est la formation des nouvelles listes d'élection et de jury. Ici se pressent des faits que la foule des citoyens ignore.

Le bruit est généralement répandu, généralement accrédité dans le monde politique, qu'une dissolution prochaine de la Chambre des députés est méditée par le ministère. Voici quels seraient les motifs, quels seraient les moyens d'exécution de ce coup d'audace et de désespoir.

La Chambre actuelle, presque tout entière compacte, à vingt noms près, était, avec ses inclinations et ses doctrines, un instrument commode dans les mains du ministère. Mais les dangers naissaient des avantages même de cette combinaison toute nouvelle d'une assemblée unanime. L'accord des sentimens rendait faciles les coalitions diverses. Les mouvemens de la conscience, les progrès des idées, l'expérience des affaires, pouvaient réunir sous d'autres enseignes que celle de l'administration des hommes que nulles inimitiés et nuls ombrages ne divisaient entre eux. Ainsi est-il arrivé. La majorité ministérielle est rompue. Tandis que M. Royer-Collard dominait l'ancien centre et l'ancienne gauche, qu'à droite M. de La Bourdonnaye et quelques autres de ses honorables amis ralliaient une soixantaine de voix indépendantes, la foule des hommes d'honneur et de talens assis sur les bancs du centre droit se groupaient autour de MM. de Beaumont, de Lézardières, de Cambon, de Preyssac, Bourdeau, Bertin Deveaux, de Leyval, Gauthier, de Noailles; ces oppositions en sont venues plus d'une fois à enlever des questions graves sur le ministère vaincu.

La proposition La Boëssière, sur laquelle M. de Villèle a porté toute la chaleur de son talent et toute la puissance de son crédit, n'a tenu qu'à vingt voix. Il est manifeste que tout pouvoir moral est brisé dans la main ministérielle, qu'un conseil pris dans les oppositions aurait dès aujourd'hui une majorité plus unie et plus sûre, que celle-là ferait des conquêtes au lieu d'aller s'affaiblissant de jour en jour et d'heure en heure. Enfin, même avec la supposition d'une fatalité persévérante à maintenir au timon de l'État ces hommes chancelans et usés, personne ne peut dire ce que les fautes et les torts amassés à plaisir par les dépositaires de l'autorité souveraine auront fait d'ici à peu de mois des débris de cette ancienne armée de trois cents voix et plus. Ajoutons que la session prochaine est nécessairement la dernière de l'assemblée qui a fait la septennalité. Un an de plus, et ce serait le *long Parlement* de la monarchie; ses pouvoirs seraient périmés. La France, suivant toutes les probabilités, ne paierait plus l'impôt.

C'est donc au sacrifice d'une majorité douteuse et d'une seule session que se résignerait le ministère. L'inconvénient est peu sensible. Nombre d'avantages pourraient le compenser.

L'administration se rend la justice de croire que, d'année en année, les élections lui seraient plus difficiles à faire; elle compte apparemment d'année en année tourmenter davantage et désoler la France. Cet automne, les électeurs n'auraient que les griefs des sept ans qui viennent de se passer. Ils n'auraient point ceux qu'apportera, comme un tribut inévitable, l'an qui va venir.

Cette année aussi, on espérait n'avoir dans les colléges électoraux que les hommes débonnaires, les ilotes à place, la gent destituable à merci et miséricorde, tout ce qui peut avoir peur d'un pouvoir qu'aucune règle politique et morale n'a jamais arrêté. C'est là une des combinaisons les plus habiles que le cabinet ait encore inventées.

On se rappelle l'impression que produisit à sa naissance la loi du jury. Les conseillers de la couronne en avaient formé la trame, de telle sorte que le droit électoral se perdît dans les réseaux dressés autour des jurés. Ils comptaient que, peu soucieux de remplir des fonctions judiciaires, les citoyens négligeraient de faire porter leurs noms sur ces listes où un devoir était placé auprès d'un droit : les hommes indépendans écartés ainsi, la peur et la ruse leur inféoderaient à jamais la France. C'est sur quoi on compte encore.

La Chambre des pairs s'est donné des droits à l'éternelle gratitude des Français, par le monument qu'elle a élevé aux immunités électorales, sous le nom de loi du jury. On voulait qu'elle détruisît les premières par la seconde ; elle s'est servie de l'une pour donner aux autres des garanties et des forces nouvelles, mais elle n'a pu faire que tous les Français, habiles à exercer cette double prérogative du citoyen dans un état libre, se trouvassent par enchantement inscrits sur les tables d'élection. Elle a dû penser qu'ils tiendraient à devoir et à honneur de tout faire pour se mettre en mesure de remplir le mandat qu'ils tiennent de la loi. La noble Chambre aura-t-elle trop bien préjugé de nous?

Les listes sont rédigées d'office par le préfet, c'est-à-dire qu'il y porte qui bon lui semble dans les limites tracées par la loi. Tous les électeurs dépendans y verront leur nom figurer ; les autres n'y figureront que lorsqu'ils auront produit les pièces voulues. Si même il arrivait que quelques-uns d'eux fussent inscrits dans les premiers momens, qu'ils ne s'endorment pas sur cette bienveillance périlleuse. Car, faute d'avoir en main les pièces légales, le préfet pourrait se croire obligé en conscience de les rayer ensuite quand il ne serait plus temps.

C'est à calculer toutes ces chances que le génie du

ministère est maintenant appliqué. C'est à ces combinaisons que la France doit le repos dont elle se trouve jouir. Depuis le 24 juin, il n'y a eu ni destitution éclatante, ni licenciement, ni coup d'état.

On suppose que l'éloignement pour les fonctions de jurés empêchera les électeurs d'exiger leur inscription dans les délais voulus par la loi, que chacun se dira qu'il n'y aura pas élection cette année, que tout le monde voudra donc attendre. Puis, le 1er octobre, quand les listes auront été closes la veille, une ordonnance de dissolution serait lancée sur la France abasourdie, les colléges électoraux réunis, une majorité subversive et servile envoyée au ministère, le pays livré sept ans encore aux expériences de la coterie factieuse qui, depuis des années, ne nous laisse dormir en paix sur aucune de nos institutions, sur aucun de nos sermens... ; voilà le rêve des démolisseurs, connus sous le nom de partie influente des conseils du trône.

Ce qu'ils ont fait témoigne de ce qu'ils feraient, de ce qu'ils tenteraient du moins, si Dieu qui châtie les nations abandonnait sept ans encore aux mêmes mains toutes nos destinées. Cette calamité est impossible : il ne se rencontrera point d'électeur si ennemi de son pays, de son avenir, de celui de ses fils, du sort de tout ce qui touche le cœur de l'homme, du père, du citoyen, qu'il néglige les démarches voulues par la loi. De peur d'avoir désormais, une fois en trois ou quatre ans, à siéger dans un jury, voudrait-il donner, de gaieté de cœur, gain de cause à qui insulta la garde nationale de Paris, menaça l'imprimerie, renversa les écoles, fit une guerre acharnée à l'instruction populaire, prodigua nos trésors au-delà des Pyrénées pour élever un despotisme effroyable, envia ce modèle, détruisit une à une toutes nos franchises, ne sut enfin rien enfanter que le trois pour cent, rien défendre que la société de Jésus? Quiconque s'abstiendra des collèges électoraux, aura trempé autant qu'il était en lui dans ces méfaits; autant qu'il était en lui, provoqué le développement et la suite de ces fléaux.

Plusieurs commentaires de la nouvelle loi du jury ont paru. Je consacrerai à la question immense dont traitent ces divers ouvrages un écrit particulier. Je me borne cette fois à vous recommander, Monsieur, la brochure exacte et judicieuse de M. Moreau de Vanlesse (1). C'est un *vade mecum* dont tous les électeurs doivent se munir. Votre journal a rendu compte de l'excellent traité de MM. Guichard et Dubochet (2) sur les attributions, les devoirs et l'organisation du jury en France. Leur *Manuel du Juré* est nécessaire pour apprendre toutes les démarches qu'il doit faire, tous les pièges qu'il doit éviter dans la poursuite de ses droits.

Rien ne manque dans ce livre instructif. On n'y blâme que quelques passages d'une préface empreinte

---

(1) Commentaire de la loi du jury, en ce qui concerne les élections, chez Moutardier, rue Gît-le-Cœur, n° 4.

(2) Manuel du juré, ou Exposition des principes de la législation criminelle dans ses rapports avec les fonctions de juré, et commentaire de la loi du 2 mai 1827 sur l'organisation du jury, et les articles du Code d'instruction criminelle qui traitent de l'examen et du jugement par jurés; par Victor Guichard et J.J. Dubochet, avocats à la Cour royale de Paris.

de préjugés à tout le moins intempestifs contre les situations élevées. Il est une sorte de passion populaire dont les hommes éclairés et honorables, comme les deux jurisconsultes à qui j'ose adresser ce reproche, doivent redouter la contagion. Le défaut que je signale n'est heureusement pas assez marqué pour gâter un bon livre.

A l'occasion de cet ouvrage, des faits étranges se sont passés. Vous en rendez compte, Monsieur, et énumérez les avantages de la nouvelle législation sur la législation impériale. *La censure* rejette ces louanges, achetées aux dépens de la gloire de l'empire. On croit rêver en lisant les lignes supprimées que voici :

« Dans l'ancien système, la liste n'était que de soixante jurés, et l'on voit combien il était facile au pouvoir, dans une nomenclature ainsi réduite, de ne placer que les noms d'individus dévoués au pouvoir. Ainsi le tirage au sort des trente-six et la récusation même péremptoire qu'exerçait l'accusé, n'étaient dans le fond, ou du moins pouvaient n'être que des formalités illusoires; quels que fussent les jurés restans, rien ne garantissait au prévenu leur impartialité. Il n'avait que le moyen d'atténuer ses dangers; celui de les prévenir lui échappait. »

Si on recherche d'où vient à la censure cette curieuse antipathie pour les louanges que l'opposition accorde à l'ouvrage de la monarchie, on ne trouve qu'une explication, c'est que le ministère hait encore dans sa loi du jury les amendemens de la Chambre des Pairs. Nous sommes un État libre, où les citoyens n'ont pas le droit de louer les lois qui les régissent aux dépens de celles qui ne sont plus.

Nous sommes aussi un État libre où les publicistes

n'ont pas le droit d'inviter les citoyens à se conformer au vœu des lois. Puisse le pays savoir que la censure a retranché du même article les lignes suivantes!

« Électeurs et jurés français, point de délais; hâtez-» vous de vous mettre en état de remplir des fonctions » de l'exercice desquelles va dépendre peut-être, dans » quelques jours, le salut de la chose publique. » L'auteur ajoutait en passant que l'événement d'une dissolution *préoccupait en ce moment beaucoup de bons esprits.* Ces mots ont disparu encore.

Voilà donc la pensée ministérielle saisie sur le fait! Voilà les conseils qu'il faut écarter de notre oreille! c'est une *circonstance grave* que l'opposition parle aux sujets de remplir les devoirs imposés à tous par la loi. Il faut des élections furtives sous l'empire d'une législation qui a voulu que la terrible exception de la censure cessât au moment d'élections générales, pour faire place, quels que fussent les événemens, au grand jour de la publicité! Imagine-t-on quelque chose de plus hardi et de plus coupable que cette agression au principe de vie du gouvernement qui nous régit, et avais-je assez raison de dire, Monsieur, que la censure et la charte sont incompatibles l'une avec l'autre, comme la tyrannie et la liberté, comme le repos et les réactions, comme la religion des sermens et le parjure?

Si la France pouvait, par on ne sait quelle paresseuse lâcheté, laisser les listes électorales veuves des noms indépendans, elle mériterait le fouet de la réaction qui nous entraîne et le bâillon de la censure. Les ministres auraient eu raison de rétracter la déclaration royale qui daigna proclamer les trente-deux millions d'hommes soumis au sceptre de Charles X *dignes de la liberté.*

ÉLECTIONS D'ANGOULÊME.

Dans les États despotiques le pays est en tutelle : il n'a point de pleins pouvoirs à donner, point d'élections à faire; l'autorité non plus n'a pas à s'envelopper de ces fraudes dont, depuis quelques années, le spectacle a désolé la France. Aussi parmi nous, la censure est-elle tenue de mettre en état de siége le premier des droits politiques, et faut-il qu'elle jette sur les ruses de la faiblesse le manteau de la tyrannie. C'est ainsi que votre journal n'a pu donner l'extrait suivant d'une lettre écrite d'Angoulême le 10 juillet au soir :

« Un employé des vivres, ayant une carte d'électeur, s'est introduit dans le collége; des électeurs se sont opposés à ce qu'il votât, protestant qu'il ne payait pas le cens voulu par la loi.

» M. Descordes, président, prétendait que le bureau ne pouvait prononcer sur cet incident; néanmoins cet employé a déclaré qu'en effet il ne payait pas assez d'impôts, mais qu'une carte lui ayant été envoyée, il avait cru de son devoir de se rendre au collége électoral. »

PUBLICITÉ DES DÉBATS JUDICIAIRES.

AFFAIRE KÉRATRY.

La publicité des débats judiciaires est dans les mœurs de toutes les nations policées. Cette publicité tutélaire fait partie du droit public de toutes les nations libres;

aussi le principe est-il écrit dans la Charte. La censure a interdit aux journaux, dans le procès de l'honorable M. de Kératry, l'insertion du rapport fait à la Cour par un de ces Messieurs. Elle n'a permis la publication du plaidoyer qu'avec des restrictions et des conditions impérieuses; elle y a fait des retranchemens; encore a-t-elle déclaré depuis lors, qu'elle se repentait de sa clémence; et on verra bientôt qu'elle a tenu parole. Ainsi, voilà les tribunaux mis au secret; voilà la justice traitée comme la politique, les débats juridiques traités comme les élections. La Charte n'est-elle plus qu'une raillerie?

AFFAIRE DE M. LE DUC ET DE Mme LA DUCHESSE DE ***.

Les plaidoiries ont été biffées dans les journaux. Ces publications sont assurément peu regrettables; mais enfin la loi les autorise, la censure les prohibe! Pourquoi? M. le premier président Séguier avait dit que le noble duc et sa femme seraient traités comme de simples particuliers : la police a voulu donner à la magistrature un démenti. Ne pouvant asservir nos tribunaux comme ces commissions du temps de Richelieu et de Louis XIV, on se donnera la joie de les claquemurer comme alors, en dépit de la Charte et des lois.

AFFAIRE DU CONSTITUTIONNEL ET DU COURRIER FRANÇAIS.

Deux journaux avaient été condamnés en première instance; ils en appellent, c'est leur droit. Leur cause a été défendue hier mardi par Me Dupin, député de Mamers, et par Me Mérilhou. Suivant l'usage, les feuilles publiques reproduisent les plaidoiries des avocats; le discours du ministère public n'est pas omis. Les censeurs effacent tout. A ces débats ils substituent les lignes qu'on va lire :

« Après les plaidoiries, la Cour a confirmé la *sen-*
» *tance* (1) des premiers juges. »

Cette ligne contenait dans sa brièveté une inexactitude : quoique la condamnation ait été maintenue, l'arrêt a été autrement motivé. Cette ligne contient en outre tout un coup d'état. Les jugemens de Cour souveraine prohibés par la police, la publicité de la défense interdite aux accusés, ces journaux, qui sont obligés d'admettre toute réclamation des citoyens, et qui ne peuvent publier leur propre apologie, ce sont là des nouveautés étranges. Encore une fois, voyez la misère de l'arbitraire assis au gouvernail quand le vaisseau de l'État est lesté de promesses et de garanties de liberté! La censure ne saurait demeurer plus longtemps en présence de la Charte que comme un perpétuel démenti, comme un perpétuel parjure.

ENTREPÔT DE PARIS, ET DOLÉANCES DU HAVRE.

S'il est quelque chose d'inoffensif, c'est la discussion des intérêts du commerce et de l'industrie. S'il est quelque chose de constitutionnel, c'est la défense des intérêts des provinces qui se croient lésées. S'il est quelque chose de sacré, c'est la réunion des doléances

(1) On reproduit avec une respectueuse fidélité l'orthographe officielle de la censure. Elle s'y est reprise à deux fois; le mot de jugement avait d'abord été tracé.

des localités, et de celles du négoce. Il n'est pas bien certain qu'une monarchie despotique existe au monde où on prétendît étouffer de telles discussions et de telles plaintes.

Ce qu'on ne ferait sûrement pas à Vienne et à Pétersbourg, ce qu'on ferait peu à Smyrne et à Bagdad, on le fera en France sous le régime de la Charte commentée par la censure.

Tout le monde connaît les débats suscités par le projet de créer à Paris un entrepôt, en attendant que la royale cité s'élève au rang de port de mer. Je n'ai point de sentiment à exprimer sur la question. Quel que soit l'avis qu'on adopte, il est un point qui n'admet pas de controverse, c'est le droit des villes qui se supposent menacées, d'exprimer leurs alarmes et de les motiver. On se demande pour quelle sorte d'intérêts et d'opinions nos Codes eussent institué la publicité, sinon pour les réclamations d'un port florissant qui se juge à la veille de sa ruine?

Le sous-préfet du Havre n'a point trouvé de censeurs dans la ville laborieuse et éclairée qu'il administre. Cet honorable magistrat a été contraint d'abaisser sa vieillesse à des fonctions indignes de son rang et de lui. Sa main a rayé dans l'article suivant de la feuille du commerce du Havre qu'on va lire toutes les lignes et tous les mots qui sont imprimés en italique.

La question de la création d'un entrepôt dans la capitale est de nouveau remise sur le tapis; elle s'est agitée *dans l'ombre*, et, si l'on en croit quelques lettres de Paris, elle est à peu près terminée. *Doit-on s'en étonner? Si nous ne croyons pas que la mer se décide jamais à battre les quais de Paris, c'est qu'une ordonnance ne suffirait pas pour l'y contraindre; mais une ordonnance, voire même une loi, peuvent créer un entrepôt avec quelques mots, et le superbe projet est si séduisant aux yeux de ceux qui en pèsent les avantages au poids de leur intérêt privé, qu'il y a pour nous, habitans des ports de mer, tout à craindre que les efforts de nos soi-disant grands penseurs ne soient couronnés du succès qu'ils s'en promettent.* Le gouvernement cédera-t-il aux prières de la ville de Paris? sacrifiera-t-il aux intérêts de quelques-uns les intérêts du plus grand nombre? Nous aimons encore à en douter; nous espérons qu'il s'arrêtera devant les suites funestes qu'une décision inconsidérée peut avoir pour tous les ports de France. Les résultats d'une mesure précipitamment adoptée seraient incalculables, et c'est véritablement là que trouvent leur application ces paroles de l'immortel auteur de la Charte : « A côté de l'espoir d'améliorer est le danger d'innover. »

Il doit paraître sous peu de jours un écrit sur cette importante question. Nous souhaitons qu'il n'arrive pas trop tard. *Avant que nous puissions en rendre compte, nous publions quelques fragmens d'une nouvelle lettre que nous adresse un de nos abonnés, et que l'abondance des matières ne nous permet pas d'insérer en entier.*

« Des raisons politiques et des satisfactions dues à la bonne » ville engageraient, dit-on, le gouvernement à la gratifier » d'un tel présent; ceci nous paraît frivole et d'un faux calcul; » une telle nouveauté peut être dans le système des compensa- » tions d'ôter aux uns pour donner aux autres; au reste, s'il » n'y avait là-dessous que le but d'apaiser des mécontens, on » n'y gagnerait rien, puisqu'on ne ferait que déplacer le mé- » contentement.

» Cette force centripète, qui tend à tout précipiter sur » Paris, a quelque chose d'effrayant et de contre nature; c'est » une monstruosité politique, ou mieux, impolitique; c'est » faire de la France, si l'on peut s'exprimer ainsi, un être » dont la tête, d'une grosseur énorme, ne présente aucune » proportion avec le corps exténué.

» Si Paris jouissait depuis long-temps d'un entrepôt, et que

» cet entrepôt fût préjudiciable aux ports de mer, ne serait-ce » pas aujourd'hui une belle conception, une conception digne » de Colbert, d'ôter quelque chose à la capitale pour enrichir » la province? et telle est cependant la question renversée, et » celle qui intéresse Bordeaux, le Havre, Nantes, et tous les » ports de commerce du royaume.

(*Feuille de Commerce du Havre.*)

ÉTABLISSEMENS MONASTIQUES.

On comprend les opinions contraires sur les inconvéniens ou sur les avantages de l'introduction d'ordres monastiques dans un état; mais ce qui n'admet pas de controverse, c'est la nécessité de l'obéissance aux lois par tous pays, c'est aussi le droit qu'ont les citoyens dans un pays libre de connaître les faits accomplis. En France, le pouvoir veut l'infraction des lois; sous l'empire de la Charte, la publicité est interdite pour les faits suivans :

— Par contrat passé par-devant Me Sauze et son collègue, notaires à Marseille, les Révérends Pères capucins viennent d'acquérir de M. Baron, prêtre, une propriété située à la Croix de Reynier, et ce, au prix de 20,000 fr. et de 3,000 messes que les religieux s'obligent à faire dire après le décès du vendeur, et pour le repos de son ame. (*Messager de Marseille.*)

— On écrit de Marseille :

« Depuis quelques jours, nous voyons dans notre ville beaucoup de jeunes ecclésiastiques en soutane et sans rabat; on dit que ce sont des jésuites qui viennent fonder ici un collège.

» Le nombre des capucins s'accroît chaque jour; ils ont fait l'acquisition d'une maison qui doit leur servir de couvent (rue Saint-Savezain). »

(Rognure du *Journal des Débats.*)

— Le *Messager de Marseille* donne comme authentiques les détails suivans :

« Il y a dans Marseille neuf couvens de femmes, dont deux d'ordres mendians, ayant chacun à leur service cinq à six frères lais vêtus en *capucins*, qui, ainsi que les *véritables capucins*, quêtent chaque semaine dans toutes les maisons et les marchés. Ces couvens participent à l'aumône destinée aux malheureux prisonniers.

» Le couvent des capucines est porté dans le budget communal pour 400 fr.; celui des trapistes de Sainte-Beaume pour 600 fr. On assure que, dans le budget de l'année prochaine, une allocation sera votée en faveur des capucins dont le couvent est maintenant rue Saint-Savezain. »

(Rognure du *Courrier Français.*)

— Le révérend père gardien du couvent d'Arth, en Suisse, a gagné 6000 fr. dans la loterie établie au profit des pauvres. Malheureusement ce gain donne lieu à un différend: le révérend père prétend avoir pris son billet au nom et au profit de sa famille, et le monastère réclame de son côté les 6000 fr., comme propriété d'un de ses membres.

— Les principaux des collèges dépendant de l'Académie de Douai viennent de recevoir une circulaire par laquelle on leur demande à qui ont appartenu les établissemens à la tête desquels ils se trouvent. On croit que de pareilles questions sont adressées aux principaux des collèges dans les diverses académies. (Rognure du *Journal des Débats.*)

DE L'ESPRIT PUBLIC ET DE TARTUFE.

Sous le régime impérial, la police était chargée de diriger l'esprit public. Sous la monarchie constitutionnelle qui commence, parler de l'esprit public est chose reconnue pour un empiètement sur les droits de la police. Le pouvoir, par on ne sait quelle incivilité bizarre pour les ordres monastiques, commande le même silence sur *Tartufe*, sur les capucins et sur la société de Jésus.

La censure a supprimé au *Journal des Débats* un début de feuilleton conçu en ces termes :

Si l'on demande pourquoi *Tartufe* jouit en ce moment d'une faveur que partagent, il est vrai, mais à un degré inférieur, les autres chefs-d'œuvre de la scène comique, je réponds qu'il est plus facile d'en connaître que d'en expliquer la raison. J'ai vu un temps où *Tartufe*, appuyé des talens supérieurs de Molé et de mademoiselle Contat, était représenté à peu près dans le désert. On le savait par cœur ; on ne se souciait pas de le voir représenter. A une époque où le jeu de l'hypocrisie religieuse n'aurait pas payé les frais du tapis vert, à qui l'imitation de ce vice odieux pouvait-elle être agréable ? C'était véritablement la comédie du temps passé. Mais le temps passé peut revenir.

Multa renascentur quæ jam cecidere, cadentque
Quæ nunc sunt in honore.

Les Français ont un instinct de prévoyance qui les précipite là où est le danger, ou, ce qui est la même chose pour eux, là où est la crainte d'un danger imminent. S'il était possible que la tartuferie ressuscitât un jour parmi nous, si on croyait la voir même en simple perspective, le secret de l'affluence du public au *Tartufe* de Molière serait révélé : ce ne serait autre chose qu'une protestation contre l'envahissement du pouvoir le plus redoutable auquel les hommes puissent être soumis sur la terre.

Attribuons donc en grande partie à la vengeance préventive de la société, si je puis m'exprimer ainsi, l'affluence qui se porte aux représentations de *Tartufe*. Il faut bien qu'elle se croie menacée, puisqu'elle réunit ainsi toutes ses forces contre un ennemi qu'elle dédaignerait aujourd'hui comme elle le dédaignait autrefois quand elle le croyait éloigné.

RIXE A LA GRANDE CHAUMIÈRE.

Le despotisme est de sa nature assez timide pour se croire en péril, s'il arrivait une fois à la force armée de faiblir devant les séditions populaires. Plus timorée encore que ne l'est nulle part la servitude, la liberté française n'aura pas le droit de raconter que quatre gendarmes ont pâli dans une querelle de café. Le même voile couvrira pour nous, comme pour ces peuples d'Asie leurs idoles souveraines, les capucins, les jésuites, Tartufe et les gendarmes.

— Avant-hier, vers dix heures et demie du soir, une discussion, qui bientôt amena une rixe sérieuse, eut lieu au jardin dit des *Montagnes Suisses*, entre plusieurs jeunes gens et quatre gendarmes de service dans ce jardin. Le fourreau d'une baïonnette qui toucha une dame en fut la première cause. Des injures on en vint aux menaces, et l'extrême prudence des gendarmes les sauva d'un combat où ils n'auraient pas eu l'avantage; ils le sentaient, et leur contenance le prouvait assez aux nombreux spectateurs dont ils étaient environnés. Cependant ils firent savoir secrètement l'embarras de leur position à leur caserne. Avant qu'on s'en aperçût, en un instant, les bosquets et toutes les avenues du jardin furent remplis de la force armée. Les quatre premiers gendarmes changèrent alors de maintien; la joie se peignit dans leurs traits; ils se hâtèrent de désigner les jeunes gens qu'il fallait arrêter. Il se fit aussitôt un appel spontané entre les élèves en droit et en médecine; les verres et les bouteilles devinrent les armes offensives, et plusieurs tabourets furent brisés dans la mêlée. Malgré les efforts de leurs partisans, on parvint à arrêter quatre étudians qui montaient en fiacre : il paraît que ceux-là mêmes avaient reçu plusieurs blessures, et que quelques parties de leurs vêtemens étaient ensanglantées. (Rognure du *Journal des Débats.*)

STATISTIQUE DE LA LIBRAIRIE.

Le *Journal de la Librairie* est un recueil de statistique publié d'une façon semi-officielle, et offrant le relevé exact de tous les produits de l'imprimerie de

France. La censure y supprime l'annonce des réimpressions qui l'importunent. C'est fausser la statistique, c'est tromper l'avenir. Il y a une recherche curieuse d'oppression à traiter l'histoire comme la Charte. On les veut faire mentir toutes deux.

COQUETTERIE DE LA CENSURE ENVERS NAPOLÉON.

La *Revue encyclopédique* avait imprimé ces mots : « Napoléon perdit la liberté. » Les censeurs ont biffé cette phrase, séditieuse contre la gloire de l'empereur et roi, et leur plume a enrichi le journal de cette exclamation : « Non, il ne perdit que l'anarchie ! » Les censeurs croient-ils, par une vieille habitude, travailler pour le compte du roi de Rome ?

C'est chose curieuse comme les louanges de Napoléon-le-Grand retentissent aujourd'hui de toutes parts, non pas seulement parce que les favoris de la faction qui triomphe, étant d'ordinaire des valets du pouvoir impérial, trouvent leur compte à glorifier leur vie dans ses apothéoses, mais aussi parce que les ministres de notre monarchie constitutionnelle se croient caressés par les panégyriques du grand homme ; ils ont l'air de se sentir de sa famille. Napoléon passa son règne à essayer de greffer sa fortune sur l'arbre antique de la monarchie, la monarchie le lui a rendu.

PERSONNEL DE LA CENSURE.

La Quotidienne n'a pas pu imprimer une lettre de M. le vicomte de Walsh, homme d'esprit et d'honneur, à la plume de qui on doit les *Lettres vendéennes*. Il écrit qu'il n'a point accepté à Nantes les fonctions de censeur. Cette nouvelle eût été une bonne fortune pour quiconque honore, sous l'empire du trône restauré, les classes que le trône antique entraîna dans sa chute en les compromettant, durant un siècle entier, dans le respect public. M. de Walsh a aussi la noblesse du talent. Ce sont deux raisons pour que la France s'applaudisse d'apprendre que la police lui fait injure en l'associant, dans l'opinion publique, par de calomnieuses prohibitions, au travail de ses censeurs.

Les deux articles qui suivent ont été retranchés du *Courrier français*, après avoir été admis dans les feuilles des départemens.

— La *Feuille de Cambrai* nous fait connaître aujourd'hui le nom de son censeur; c'est M. l'abbé Duhem, principal du collège. A Valenciennes, c'est le commissaire de police. Il paraît que partout ce sont ou des ecclésiastiques, ou des agens de police, qui se sont dévoués à ces fonctions. (*Écho du Nord.*)

— Dans le département du Pas-de-Calais, l'autorité, se fondant sur l'art. 6 de l'ordonnance de censure qui lui laisse la latitude de nommer des censeurs *selon les besoins*, n'en a point nommé. (*Journal du Nord.*)

GUERRE DE LA CENSURE A TOUTE PUBLICITÉ.

La censure a interdit aux divers journaux les annonces telles que celles-ci :

— M. de Kératry va publier, d'ici à deux ou trois jours, le recueil des pièces de son procès. (*Courrier Français.*)

— M. de Salvandy publiera demain, chez le libraire Sautelet, une Lettre adressée à M. le rédacteur du *Journal des Débats* sur l'état actuel des affaires publiques.

— M. le marquis de la Gervaisais, député, a publié sous ce simple titre, *la Pairie*, une éloquente démonstration de ce principe que les créations des pairs sont funestes, et peuvent être inconstitutionnelles. Écrit excellent, écrit étouffé.

— Demain paraît chez tous les marchands de nouveautés une brochure intitulée : *Lettre de la Girafe au pacha d'Égypte.*
(*Journal des Débats.*)

— On n'a point encore reçu ici la brochure de M. de Châteaubriand, que nous attendons cependant avec une grande impatience. (*Précurseur de Lyon.*)

Ainsi, dans un pays où la discussion est de droit commun, toute polémique se trouve étouffée en naissant. Nul écrit ne peut être annoncé à un public qui croyait vivre sous une loi de liberté. Nulle doléance ne peut pénétrer au sein des provinces qui croyaient vivre sous une loi égale. Comme pour tenter notre patience, cette censure du royaume des Francs joint à l'étouffement la dérision. Un de ces jours, *le Précurseur de Lyon* défendait à tort ou à raison la philosophie moderne contre les systèmes ennemis; il rapportait, en les réfutant, une foule d'injures grossières adressées à sa cliente. Les injures ont été admises, les réfutations biffées, en sorte que ce journal a paru ne contenant que des malédictions outrageuses pour les opinions auxquelles il s'est consacré. C'est là une des gaietés de la tyrannie constitutionnelle dont notre grande France porte les lisières.

AGGRESSIONS DE LA CENSURE AUX PERSONNES.

La concorde, cette concorde uniforme, stérile, glacée, qui naît de l'inaction et du silence, est le propre des états despotiques. Là, il n'y a point de haine entre les sujets et l'autorité; car l'autorité n'a point d'adversaires ni d'émules, elle ne connaît que des serviteurs dociles. A l'ombre du système représentatif les partis se livrent d'utiles combats, et les hommes du pouvoir peuvent nourrir des haines violentes contre quiconque les importune et les menace. Leur livrer la pensée, c'est vouloir qu'ils l'exploitent dans ces intérêts d'inimitié, dans ces besoins de diffamation que du moins les États absolus ignorent. Ceux qui veulent ressusciter le despotisme impérial en l'obligeant à grimacer par respect humain la liberté, devraient songer qu'ils ne font que rendre ses traits hideux. Sous quel régime, dans quel pays les deux notes que nous transcrivons n'eussent-elles pas trouvé grace aux yeux de la censure?

— M. l'abbé de Montgaillard, dans son *Histoire de France*, publiée récemment, et qui est déjà à sa seconde édition, dit que les princes d'Espagne, à leur arrivée au château de Valençay, étaient accompagnés de M. le duc de Dalberg, aujourd'hui pair de France, qui avait été chargé de les surveiller.

C'est une erreur qu'une consonnance de noms propres aura fait commettre à l'auteur.

M. le duc de Dalberg n'est jamais allé à Valençay; c'est M. le comte d'Arberg, chambellan de Napoléon, qui accompagna les princes d'Espagne à cette résidence. (*Courrier Français.*)

— Un membre de l'Académie française, auteur des *Deux Filles spectres*, drame qu'on doit jouer incessamment au théâtre de la Porte Saint-Martin, nous écrit pour nous annoncer qu'il fait don de la totalité des droits d'auteur de cette pièce, sur toutes les représentations qui pourront avoir lieu durant un an, aux victimes de l'incendie du théâtre de l'Ambigu-Comique.

(*Journal des Débats* et *Courrier Français*.)

On le voit; annoncer les projets bienfaisans d'un académicien de l'opposition, rétablir des faits indifférens au pouvoir, quand c'est un pair de France, défavorable au ministère qui se trouve lésé, ces grandes choses passent la mesure de nos franchises nationales! L'histoire même est enchaînée, la charité même mise à l'index sous ce régime tutélaire! La censure qu'on a rétablie au nom de la vérité gémissante, au nom des réputations attaquées, a plus outragé la vérité, les renommées, l'histoire, en quinze jours de règne, que la liberté en cinq ans de vie. Alors du moins, on pouvait se défendre; aujourd'hui la diffamation a pour elle le bon plaisir. Il reste aux victimes la liberté.... la liberté de lire dans la Charte le droit de répondre, dans le *Moniteur* l'invitation de se plaindre, dans le *Bulletin des lois* le devoir de se taire.

Quand on est engagé dans de telles voies, quand on fait la guerre au principe même du gouvernement dont on possède l'usufruit, dont on doit sauver les destinées, épuiser l'odieux ne suffirait pas, il faut y joindre le ridicule. Cette censure, instituée pour priver une grande nation du premier de ses droits, s'offense si *la Quotidienne* nomme le chansonnier de la cause royale, Désaugiers, *le plus spirituel* des faiseurs de chansons. Elle biffe ce mot qui l'offense. Pourquoi? Dans l'intérêt de Béranger peut-être? point. Y a-t-il une circonstance grave, un danger imminent pour le trône, à ce que la littérature exprime ce jugement? S'agit-il au moins des intérêts du ministère? s'agit-il de la renommée que quelqu'un des membres du cabinet a pu conquérir par des petits vers heureux? C'est moins que cela. Il y a un censeur qui a fait dans sa vie un vaudeville! l'ordonnance l'a désigné en conséquence du nom d'hommes de lettres, pour que, dans la troupe, quelqu'un semblât connu, et que les lettres fussent compromises de compagnie ; les collègues de ce monsieur ont dû veiller aux intérêts d'une gloire dont les reflets rejaillissent sur eux, et M. Désaugiers, qui n'est pas censeur, ne sera point, jusqu'à nouvel ordre, le plus spirituel des chansonniers.

Il n'y a pas beaucoup plus de sens dans ces mutilations du *Courrier français* :

— Plusieurs citoyens des États-Unis d'Amérique, résidant à Marseille, voulaient se réunir dans un banquet pour célébrer l'élection de M. de La Fayette ; mais l'autorité leur a fait donner par l'intermédiaire de leur consul l'ordre de se séparer. Un Américain, qui devait faire partie de cette réunion, nous demande si la conduite de la police dans cette circonstance était autorisée par nos loïs. Nous lui répondrons qu'en France, pas plus qu'en Amérique, la police n'a d'inspection sur les gens qui dînent et sur les toasts qu'il plaît à ces gens de porter. Ainsi il est permis à des Américains de dîner à Marseille en l'honneur de La Fayette, tout comme il serait permis à des Français de dîner à Philadelphie en l'honneur de Washington.

(*Courrier Français.*)

— Le *Moniteur* revient encore sur la question de la liberté suffisante dont jouissent les journaux depuis l'établissement de la censure. Il cite pour preuve l'autorisation qui a été accordée aux feuilles indépendantes d'insérer les détails du banquet célébré par les citoyens américains, et de rapporter les toasts prononcés dans cette fête. Nous, qui n'avons pas l'habitude de prendre la partie pour le tout, nous croyons que le *Moniteur* pouvait mieux choisir son exemple. (*Courrier Français.*)

En effet, un toast fort inoffensif avait été supprimé dans toutes les feuilles du lendemain, et un discours de M. de La Fayette avait été interdit au seul journal qui eût été tenté de le reproduire. L'exemple du *Moniteur* était donc mal choisi ; mais le *Moniteur*, dans un pays libre, doit être inaccessible à toutes les réfutations.

HARDIESSE DE LA CENSURE CONTRE LA PROPRIÉTÉ.

Tout le monde connaît l'audace de la police dans l'affaire de *la France chrétienne*. La censure a conclu de son droit de mutiler au droit de détruire. Elle refuse d'attacher à *la France chrétienne* ses stigmates, et *la France chrétienne* ne peut paraître. Après avoir frappé l'opinion de leurs cris de colère, les propriétaires de ce journal recourent aux tribunaux pour mettre un terme à ces violences. Le *Journal des Débats* n'a pu imprimer ce fait rédigé ainsi :

— Le propriétaire de *la France chrétienne* a présenté à M. le président du tribunal de première instance une requête à l'effet d'obtenir qu'il soit commis un huissier chargé de faire diverses sommations à la commission de censure. M. le président Moreau a décidé qu'il n'y avait pas lieu à référé, attendu que la matière n'est pas du ressort de l'autorité judiciaire. L'éditeur de *la France chrétienne* s'est pourvu sur-le-champ par appel devant M. Séguier, premier président de la cour royale.

HARDIESSE DE LA CENSURE CONTRE LA PERSONNE DU ROI.

Voici qui passe toute croyance : les ciseaux de la censure ne craignent pas d'approcher des têtes couronnées. Le *Journal des Débats*, en parlant du voyage à Versailles que le roi doit faire dimanche prochain, ajoutait que *S. M. passerait en revue la garde nationale de cette ville*. Ces mots ont disparu. Faut-il croire que les actions du monarque soient contrôlées par la police de la pensée, ou bien ce nom de garde nationale ne doit-il plus résonner à l'oreille des Français? Veut-on nous condamner à ne l'entendre que dans l'histoire ?

HISTOIRE DE LA GARDE NATIONALE DE PARIS.

L'histoire de la vaillante et sage milice parisienne, par M. Charles Comte, vient de voir le jour (1). La censure ne laissera sans doute pas les feuilles publiques occuper leurs lecteurs d'un ouvrage où les souvenirs domestiques les plus attachans revivent. Je recommande à vos méditations, Monsieur, le paragraphe par lequel l'auteur conclut son vaste et rapide travail.

« Depuis sa fondation, la garde nationale parisienne a disparu à trois époques remarquables. Elle fut anéantie au 10 août, lorsque Marat, Danton, Robespierre et quelques autres individus du même caractère usurpèrent l'autorité de la commune de Paris, renversèrent la monarchie constitutionnelle, et asservirent la représentation nationale. Elle fut rétablie aussitôt que les usurpateurs eurent été renversés et envoyés à l'échafaud. La garde nationale parisienne disparut une seconde fois au 18 brumaire, quand l'usurpation militaire renversa le gouvernement directorial, détruisit la représentation nationale, et plaça dans les mains d'une faction les pouvoirs et les droits politiques, ravis aux citoyens et au gouvernement. Elle reparut lorsque les usurpateurs eurent compromis le pays par leur ambition et leur folie; et la plupart d'entre eux furent bannis ou fusillés. Elle a disparu une troisième fois, lorsqu'une chambre, dont les membres n'avaient été élus que pour cinq ans, se sont eux-mêmes déclarés élus pour sept; lorsque les usurpations jésuitiques ont bravé les lois et l'autorité de la justice, et que

---

(1) A. Sautelet et comp., Place de la Bourse; prix 6 francs, 530 pag.

Villèle, Corbière et Peyronnet, pour raffermir leur pouvoir ébranlé, se sont préparés à soumettre les citoyens au régime de leurs censeurs; mais quand reparaîtra-t-elle? »

CORRESPONDANCE.

L'un des malheurs du régime faux et blessant qui commence, est de porter dans les ames, au sein de la jeunesse surtout, une indignation généreuse dont les élans peuvent troubler grandement l'avenir de la France. Cette indignation n'a pas de plus éloquens interprètes que les auteurs de *la Villéliade.* Dans un nouveau pamphlet sur la censure, les deux poètes dirigeaient sur les jeunes professeurs qui se sont refusés à des fonctions indignes de l'université, comme sur les autres membres du saint-office de censeurs, les traits de leur inexorable satire. Une note seule mentionnait l'acte honorable, quand trente vers accusaient l'injurieuse nomination. J'avais ailleurs traité sévèrement cette ingratitude. Les deux auteurs m'écrivent une lettre que je saisis avec joie l'occasion de publier. Puissent les beaux vers ne jamais jaillir que d'un noble cœur, et le fouet de Juvénal ne frapper jamais que sur des pervers !

Lettre de MM. Méry et Barthélemy.

Paris, ce 13 juillet 1827.

MONSIEUR,

Lorsque nous avons nommé dans notre ouvrage sur la *censure* MM. Caix et Rio, nous ignorions que ces messieurs fussent déjà démissionnaires; deux mille exemplaires avaient été tirés et ils ne nous appartenaient plus. Si vous nous connaissiez, monsieur, vous ne nous auriez pas crus capables d'une *mauvaise action;* nos écrits sont là pour nous justifier; nous n'avons jamais attaqué qu'un pouvoir odieux.

Nous attendons, monsieur, de l'impartialité qui distingue toujours un grand talent et un grand caractère, que vous voudrez bien réhabiliter dans une prochaine brochure deux poètes qui se seraient déjà punis eux-mêmes s'ils avaient commis une *mauvaise action.*

Agréez, monsieur, l'assurance de notre considération très-distinguée.

Méry et Barthélemy.

Une correspondance plus haute et plus grave a dû aussi sa naissance à la censure. Une étrange entreprise de ces serviteurs de l'arbitraire égarés et perdus dans un état libre, l'a provoquée. Je suis autorisé à la transcrire.

Vous vous souvenez, Monsieur, qu'il y a peu de jours, M. le duc de Choiseul vous adressa une lettre destinée à exprimer des sentimens personnels de reconnaissance pour les témoignages de dévouement et d'adhésion que l'illustre pair recevait chaque jour des membres de l'ancienne garde nationale de Paris (1). La lettre fut supprimée par la censure. A cette nouvelle, M. de Choiseul écrivit au président du comité de surveillance de la censure en ces termes :

Lettre de M. le duc de Choiseul à M. le vicomte de Bonald.

Monsieur le vicomte,

Pair de France, vous avez accepté des fonctions dans le co-

(1) J'ai publié cette lettre dans une note de celle que j'ai écrite à M. le rédacteur du *Journal des Débats*, il y a huit jours. On peut aussi la trouver dans un écrit intitulé : *Lettre de la Girafe au pacha d'Égypte.*

mité supérieur de la censure; permettez-moi, comme votre collègue *à la chambre des Pairs*, d'avoir l'honneur de vous consulter sur un fait qui m'est personnel.

Je dois d'abord avoir celui de vous informer que, depuis le licenciement de la garde nationale parisienne, j'ai reçu, après mon discours du 19 juin à la Chambre haute, une multitude de lettres et de témoignages de reconnaissance de la part des personnes que j'ai eu long-temps l'honneur de commander.

Ne pouvant répondre à chacune d'elles en particulier, j'ai adressé avant-hier la lettre, dont copie est ci-jointe, à M. le rédacteur des Débats, du Courrier et du Constitutionnel.

J'apprends à l'instant que ma lettre a été *biffée* et son insertion *refusée à la censure.*

Sans entrer ici dans la discussion des droits d'un Pair et des supériorités de la censure, discussion qui pourra trouver sa place ailleurs, j'ai cru devoir d'abord m'adresser à vous, monsieur le vicomte, pour vous prier de faire cesser ce scandale, bien persuadé que le sentiment de votre dignité et celui des convenances vous engageront à donner les ordres nécessaires, ordres que je réclame comme Pair de France et comme citoyen français.

Agréez, monsieur le vicomte, l'assurance de ma haute considération,

Le duc DE CHOISEUL.

Paris, le 9 juillet 1827.

Réponse de M. le vicomte de Bonald à M. le duc de Choiseul.

MONSIEUR LE DUC,

Je mettrai sous les yeux du Conseil la lettre que vous m'avez fait l'honneur de m'écrire, et la réclamation qu'elle contient, et j'aurai celui de vous faire part de sa décision.

Agréez, monsieur le duc, l'assurance de ma haute considération.

Le vicomte DE BONALD.

3 juillet.

Le surlendemain la censure effaça l'article ci-après, qui avait été inséré dans *le Constitutionnel.*

M. le duc de Choiseul a écrit, comme Pair de France, à M. de Bonald, son collègue, et président de la commission de censure, pour se plaindre du refus fait par la censure de laisser insérer une lettre qu'il a adressée au *Constitutionnel*, relativement à la garde nationale parisienne. M. de Choiseul insiste sur tout ce qu'a d'étrange l'interdiction faite à un Pair de France d'user de la presse périodique pour manifester des sentimens qui n'ont rien que d'honorable et de patriotique.

(Rognure du *Constitutionnel.*)

Enfin, le 15 juillet, M. le duc de Choiseul reçut la lettre suivante de M. le vicomte de Bonald.

Paris, le 14 juillet 1827.

Monsieur le duc,

Le Conseil de surveillance de la censure, vu la lettre que vous avez fait à son président l'honneur de lui écrire, et dans laquelle votre seigneurie réclame contre la radiation faite par le bureau de censure de sa lettre à MM. de la ci-devant garde nationale parisienne, envoyée aux journaux des *Débats*, du *Courrier* et du *Constitutionnel.*

Arrête à l'unanimité que le jugement du bureau de censure est maintenu, et charge son président de le communiquer à votre seigneurie.

Agréez, monsieur le duc, l'assurance de ma haute considération.

Le président du conseil de surveillance de la censure,

Le vicomte de Bonald, pair de France.

A M. le duc de Choiseul, pair de France.

Réponse de M. le duc de Choiseul à M. le vicomte de Bonald.

Paris, le 15 juillet 1827.

MONSIEUR LE VICOMTE,

Je reçois la lettre que vous m'avez fait l'honneur de m'écrire, comme président du conseil de surveillance de la censure.

Vous m'y annoncez la confirmation à *l'unanimité* du *jugement* du *bureau de censure* sans m'en faire connaître un seul motif.

L'inconvenance de cette forme est la suite naturelle de celle du premier procédé.

Ne pouvant, comme *Pair de France*, reconnaître un tribunal dans un bureau de censure, ne pouvant me soumettre à *d'autres jugemens* que ceux de la cour des Pairs dans les cas extraordinaires, et, dans les cas ordinaires, que ceux des tribunaux, il est de mon devoir de ne point laisser avilir notre haute dignité, et de protester contre cette coupable violation de nos droits.

Agréez, monsieur le vicomte, l'assurance de ma haute considération.

Le duc DE CHOISEUL, pair de France.

Cette lettre apprend assez que le noble duc ne se tient pas pour battu encore. Il a provoqué une consultation sur les moyens d'obtenir la réparation due au manteau de pair. Je vous informerai avec empressement de tout ce qui sera résolu et tenté.

Les réflexions se pressent ici en foule. S'il fallait encore des preuves de l'incompatibilité profonde de la censure avec les formes parlementaires, quel meilleur argument que cette contradiction d'une pairie, c'est-à-dire de la possession héréditaire d'une partie de la puissance législative, avec l'impuissance de jeter trois lignes dans les feuilles publiques sans le *passe-avant* de la police? Il y a dans cette insolence de la censure quelque chose de l'égalité inflexible des monarchies asiatiques. Là, tout plie sous un même niveau. Parmi nous, on ne peut concevoir ainsi dépendans, ainsi esclaves, les dépositaires de l'un des grands pouvoirs, ceux qui naissent chargés de contrôler l'exercice de l'autorisé royale, d'accorder ou de refuser l'impôt, de concourir à la confection des lois, et d'envoyer à l'échafaud les ministres qui trahissent envers le prince, ou envers le pays, quelqu'un de leurs sermens!

Cet incident semble s'être produit dès les premiers jours, pour mieux faire toucher au doigt l'absurdité de ce monstrueux échafaudage d'arbitraire, dans le sein d'un ordre de choses tout entier légal! C'est une combinaison tout-à-fait nouvelle que de prendre les journaux, ces domaines naturels des franchises publiques, pour des fermes-modèles de servitude, pour des théâtres tristement privilégiés, où le vieux despotisme peut jouer encore la petite pièce de ses caprices, de ses violences, de ses folies, tandis qu'un peuple, libre par ses lumières et par ses lois, assiste étonné à ce déplorable et singulier spectacle.

Comment se fait-il que des hommes graves consentent à figurer comme acteurs dans ce drame, à relever la représentation par l'éclat de noms honorés, à jeter sur ces bouffonneries d'un pouvoir insensé le manteau de pair? Comment fera M. le vicomte de Bonald pour rencontrer, dans le sanctuaire où se discutent les lois, l'illustre collègue dont il a censuré les écrits, dont il a régenté les démarches, dont il a pris sur lui de juger les intentions et les paroles contraires à l'ordre public et au bien du royaume? C'est là un des torts des administrations mauvaises, qu'elles s'attachent à commettre avec l'estime publique tout ce qu'il importait de conserver sans tache. On éprouve une douleur profonde à voir l'homme de talent, le vieillard, le pair de France, obligé de rougir.

Remarquez, monsieur, que dans la dernière loi de censure une commission était proposée qui devait former un tribunal supérieur où trois pairs du royaume auraient siégé. Cette commission, pouvoir suprême et indépendant, aurait elle-même nommé les censeurs. Instituée par la loi, elle avait mission pour sévir. C'était une sorte de magistrature souveraine sur la pensée. La chambre haute décida que, quelque élevé que fût ce tribunal, ses membres ne pouvaient y arriver sans déchoir de leur dignité : l'article disparut. Ce que la loi ne put faire, une ordonnance vient de l'accomplir. M. le vicomte de Bonald et ses deux collègues ont consenti à siéger dans une commission de censure, quand le corps dont ils ont l'honneur de faire partie jugeait un tribunal de censure au-dessous d'eux. Ils ont consenti à accepter, sans aucune compensation de puissance et de dignité, des fonctions qu'avec ce cortège la Chambre ne voulut pas honorer de son nom. La Chambre aura probablement à décider s'ils ont dérogé du premier de leurs devoirs. Il est permis de préjuger le sentiment de l'illustre assemblée. Attendons sa décision avec respect. Dans l'antichambre de l'appartement où l'une des deux commissions se réunit, est un pauvre garçon de bureau dont l'opinion mérite d'être recueillie. Quelque messager de journal, un patient, lui demandait le nom de l'un des messieurs de la censure qui vint à passer : « C'est, dit-il, M. *** qui arrive toujours plus tard que les autres. Il fait vite sa besogne : *celui-là ne fait pas souffrir.* » On voit tout de suite à qui ce brave homme croit avoir affaire.

Il est étrange que la censure, comme si elle était une fille de bas lieu, s'en prenne surtout aux noms considérables et à la pairie. Les refus de M. Cuvier, les bonnes actions de l'auteur d'*Agamemnon*, la biographie de M. le duc de Dalberg, les lettres de M. de Choiseul, les écrits de M. de Châteaubriand, voilà ce qu'on empêche d'ébruiter pour le salut de la monarchie. L'annonce d'une publication de M. de Châteaubriand, prohibée sous les auspices de M. de Bonald! De ces deux nobles écrivains du *Conservateur*, de ces deux défenseurs de la liberté de la presse au temps des anciens ministères, l'un censurant l'autre; l'auteur de *la Législation primitive* croyant pouvoir, en honneur et en conscience, interdire aux Français le droit de savoir qu'un écrit de l'auteur du *Génie du Christianisme* a paru : tout cela, parce qu'il y a quelque divergence entre eux; parce que l'un admire M. de Villèle, la congrégation et la censure, que l'autre s'en tient à son vieux culte pour Dieu, le Roi et la Charte; étrange et triste spectacle! Veuillez observer que trois pairs brillent à la tête des censeurs : les pensions, les places qu'ils avaient sous l'empire, on les connaît. La censure a attenté aux droits de trois pairs : ce qu'ils ont fait tous trois pour la cause du trône, on ne le sait pas moins. M. de Dalberg, quand il siégeait dans ce gouvernement provisoire qui triompha avec tant de peine des répugnances de l'étranger pour rappeler au trône de leurs pères les Bourbons d'Hartwel, ne s'attendait pas qu'un jour viendrait où il ne pourrait pas redresser l'historien inexact qui le nommait parmi les geôliers des Bourbons de Valençay.

La chambre des pairs, dans sa session prochaine, dût-elle d'ici lors subir des coups d'état, ne demanderait pas avec moins de hauteur compte au ministère de ces attentats sur l'honneur et les droits des membres de la pairie, comme pairs du royaume, comme citoyens français. Il est vrai qu'elle aura bien d'autres comptes à demander, bien d'autres justices à faire; et on se trompe fort; où tel est le sentiment que l'illustre assemblée a de sa dignité, telle est l'intelligence qu'elle a des sources de sa puissance, que tout ce qui est dans ses devoirs envers la France et envers elle-même, sera aussi dans sa volonté.

CONCLUSION.

Dans tout ce qui précède, éclate, monsieur, une vérité claire comme le jour; c'est que la politique qui préside à nos destinées est profondément ennemie de nos lois, que la censure et la Charte sont antipathiques l'une à l'autre, qu'elles ne peuvent habiter ensemble la même terre, qu'il faut que l'une des deux périsse.

La censure sape et détruit de fond en comble toutes les garanties que la Charte a fondées, tous les droits qu'elle a reconnus, tous les biens qu'elle a promis, toutes les prospérités qu'elle a enfantées. La censure étouffe les plaintes du commerce, les doléances des localités, les cris des provinces, les réclamations des citoyens, les débats des tribunaux, les arrêts des cours, la voix de l'histoire, les nouvelles du dedans et du dehors, la statistique, la littérature, la charité, la gloire.... Cette censure effrénée diffame et opprime; ses violences dépassent tout ce que nous avions jamais souffert sous des gouvernemens qui n'avaient pas engagé leur foi aux libertés publiques; et de toutes les violences dont elle se rend chaque jour coupable, nulle n'est aussi grande que le fait, que le crime d'exister.

La comparer aux censures précédentes serait une injustice et une faute. Les censures précédentes naquirent de l'occupation étrangère, de l'effervescence des cent jours, de l'inquiétude de la nation, des dangers du trône. Dans ce temps-là l'ordre légal n'avait pas encore commencé sa carrière. Peut-être avions-besoin d'arriver par degrés à la liberté, comme les hommes s'élèvent par degrés à la force et à la sagesse de l'âge mûr.

Tout a changé. L'autorité royale est puissante et assurée; les libertés publiques étaient émancipées et florissantes sous son égide. C'est en pleine paix, dans un calme profond, quand tous les pouvoirs fournissaient sans secousse leur course régulière, c'est alors que ceux qui doivent créer l'ordre et le maintenir portent le trouble dans nos institutions, intervertissent nos destinées, recommencent des combats que l'on croyait terminés, brisent l'ancre qui nous enchaînait au port, et redemandent à Dieu des orages. Dieu leur en donnera.

Tenons acte des brutalités de ce régime sans en être surpris; les passions qui lui ont donné naissance, doivent le conduire et l'exploiter. La modération ne s'apprend pas par des torts et des fautes. On n'arrive pas à la sagesse par des attentats.

Aussi l'hypocrisie même est passée. On ne prétend plus obtenir des partis qu'ils jouent à la chapelle de la liberté ; la France s'est trouvée valoir mieux que ces jeux insultans. C'est de la bonne et franche tyrannie qui pèse sur elle. Ceux auxquels est livré le monopole de notre servitude l'exploitent comme des gens étourdis de leur puissance inespérée ; le breuvage les enivre : il les tuera.

On peut avoir oublié les illuminations de Paris ; l'illumination d'Angoulême (1) est plus récente et tout aussi vive. Celle-là met en lumière les sentimens qui vivent dans tous les cœurs. Elle fait voir où sont les affections de la France ; là aussi est la force. Les libertés publiques seront et reconquises et vengées.

N. A. DE SALVANDY.

Mercredi soir, 18 *juillet*.

---

(1) Des détails curieux sur l'élection d'Angoulême et sur la constance éclairée avec laquelle les électeurs indépendans des diverses opinions ont procédé pour briser tous les rets, seront publiés dans peu de jours.

www.ingramcontent.com/pod-product-compliance
Ingram Content Group UK Ltd.
Pitfield, Milton Keynes, MK11 3LW, UK
UKHW031958260826
14628UKWH00005B/2140

9 782012 465572